S0-DJZ-337

ENFOQUE A LA FAMILIA

La sobreprotección: El error de los padres consagrados

James C. Dobson

EDITORIAL
UNILIT

Publicado por
Editorial Unilit
Miami, Fl. E.U.A.
Derechos reservados

Primera edición 1992

Traducido por: Rhode Flores
Cubierta diseñada por: David Bonilla

Impreso en Colombia
Producto 497428
ISBN-1-56063-257-7

Printed in Colombia

Introducción

Según el doctor Dobson, muchos padres consagrados a sus hijos cometen la equivocación de protegerlos de manera excesiva. En sus bienintencionados esfuerzos por facilitar la transición de la niñez a la vida adulta, estos padres en realidad obstaculizan el desarrollo de sus hijos. El resultado es que los jovencitos "se abren paso atropelladamente, sin estar preparados para afrontar la libertad y la responsabilidad con las que se tendrán que enfrentar durante la adolescencia".

En este librito, el doctor Dobson explica que es preciso que todos los niños vayan de la completa dependencia a la absoluta responsabilidad. El agrega que esto se realiza cuando los padres paulatinamente transfieren esa responsabilidad a sus hijos. Poco a poco, éstos aprenden no sólo a aceptar las responsabilidades de la edad adulta, sino a disfrutar de la libertad que la acompaña.

La sobreprotección: el error de los padres consagrados

Aproximadamente a los tres años de edad, el niño comienza a abrirse paso en el mundo exterior. Juega cerca de su casa con los demás niños del vecindario, tal vez asista a una guardería, y un par de años después comenzará a ir al kindergarten. Si bien la madre pudo proteger celosamente la autoestima del niño durante los primeros años, ahora se hace difícil para ella controlar el ambiente que rodea a su hijo. Es probable que otros niños se burlen de él y se rían de sus deficiencias; tal vez sea incapaz de competir en juegos; o hasta podría sufrir una grave lesión o morir en un accidente.

Este período inicial en el que se "suelta" al niño, con frecuencia resulta ser una terrible amenaza para la madre compulsiva. Su reacción natural es apretar al bebé contra su pecho hasta asfixiarlo con su "protección". Si lo vigila, cuida, defiende y protege día y noche, tal vez logre evitarle algunos de los sufrimientos por los que ella misma tuvo que pasar en su infancia. Sin embargo, su intenso deseo de ayudarlo puede obstaculizar su crecimiento y desarrollo. Es preciso correr ciertos riesgos si el niño ha de aprender y progresar, ya que nunca aprenderá a caminar sí, mientras trata de hacerlo, impedimos que se caiga.

Posiblemente sea más fácil fomentar que evitar una relación de dependencia enfermiza entre padres e hijos. Por lo general, los problemas comienzan durante la primera infancia. Al nacer, el niño es un ser totalmente desvalido. A veces olvidamos cuánto depende de nosotros el recién nacido. En realidad, quisiéramos olvidarlo lo más pronto posible. El bebé acostado en su cuna no puede hacer nada por sí solo. No puede darse vuelta, rascarse la cabeza, expresar sus pensamientos con palabras, y ni siquiera levantará un dedo para ayudarse a sí mismo.

Por consiguiente, sus padres son responsables de suplir todas sus necesidades. Ellos son sus servidores, y si se demoran en responder a sus exigencias, el niño viene equipado con un aullido que hace poner los pelos de punta e insta a los padres a una acción rápida. Además, la criatura no tiene la menor obligación para con ellos. No tiene que agradecer sus esfuerzos. No es capaz de decir "por favor" ni "gracias", y tampoco pide perdón por hacerlos levantar media docena de veces durante la noche. Tampoco se conduele cuando al tratar de cambiarle el pañal a las tres de la mañana, su madre se pincha un dedo con el imperdible (sin lugar a dudas, ¡la agonía más grande en la experiencia humana!). En otras palabras, el niño comienza su vida en un estado de completa y absoluta dependencia de quienes le han dado el apellido.

Sin embargo, veinte años después, cuando ya no es un niño, esperamos que hayan ocurrido cambios radicales en su comportamiento. Para entonces, deberá estar capacitado para asumir todas las responsabilidades de un adulto. Esperamos que gaste su dinero de manera prudente, que conserve su empleo, que sea leal a una sola mujer, que atienda las necesidades de su familia, que obedezca las leyes de su país y que sea un buen ciudadano. En otras palabras, durante su infancia la persona deberá avanzar de un estado en el que no tiene *ninguna* responsabilidad, a uno de responsabilidad *completa*.

Pero, apreciados amigos, ¿cómo se las arreglará Carlitos para pasar del punto A al punto B? ¿Cómo se realiza esta transformación mágica de autodisciplina? Muchos de los que se consideran expertos en desarrollo infantil, sostienen que todo debería ocurrir hacia el final de la adolescencia, es decir, quince minutos antes que Carlos (ya no Carlitos) deje el hogar de sus padres en forma permanente. Según dichos expertos, antes que esto suceda, debería permitírsele hacer cuanto se le antoje. Por mi parte, rechazo categóricamente esa posición.

Enseñe a su hijo a ser responsable

La mejor manera de preparar a un niño para que se convierta en un adulto responsable, consiste en ayudarlo a asumir responsabilidades durante la niñez. Esto no significa que, látigo en mano, lo forzamos a comportarse como adulto. Significa que debemos estimular al niño a progresar según un plan adecuado y con un nivel de responsabilidad de acuerdo con su edad. Por ejemplo, poco después del nacimiento, la madre debe empezar a transferirle ciertas responsabilidades. Poco a poco, aprende a dormir durante toda la noche, a sostener el biberón con sus manitas y a alcanzar lo que desea. Más tarde, aprende a caminar, a hablar y a ir al baño. A medida que el niño llega a dominar cada nueva habilidad, la madre se va "liberando" de esa servidumbre inicial.

Por lo general, la transferencia de responsabilidades se realiza sin problemas hasta que el niño tiene unos dieciocho meses. Pero al llegar a ese punto, de repente, él o ella se da cuenta de dos cosas: (1) El trabajo es un mal que hay que evitar a toda costa, y en el cual no quiere ni pensar; (2) cada nueva tarea que debe realizar, significa que pierde un poco más a su mamá. Mientras que antes ella era su sirvienta con dedicación exclusiva las veinticuatro horas, ahora ya no lo es, y siente que se le escapa de las manos. Debe recoger sus juguetes, puesto que su mamá ya no lo hará.

Tiene que lavarse bien las orejas, pues ella ya no estará allí para hacerlo. Pero a esa edad lo que él más anhela es la plena atención de los adultos. Por eso, si quiere conservar a su compañera de juegos, no le queda más remedio que mantenerla ocupada. Como es lógico, sus pensamientos no son tan conscientes ni racionales, ¡pero cualquiera que haya criado a un niño sabe que así sucede! Por consiguiente, se produce una lucha tremenda. La madre se esfuerza por que su pequeño aprenda y crezca, y él se esfuerza por seguir siendo un niño.

Es entonces que se ponen de manifiesto las amenazas físicas y emocionales ya mencionadas. Esto puede hacer que una madre ansiosa baje los brazos en esa lucha y se diga: "Si consigo que siga dependiendo de mí durante el mayor tiempo posible, podré protegerlo mejor de este mundo cruel". Por lo tanto, durante varios años, le impedirá cruzar la calle solo, a pesar de que podría hacerlo perfectamente. La madre hace *todo* por su hijo, sin pedirle nada a cambio. Participa en todas las discusiones que surgen entre él y sus amiguitos, poniéndose de parte de su hijo sin tomar en cuenta quién tiene la razón. Lo lleva de la mano a la escuela, y se enorgullece al pensar que se está portando como una buena madre. ¡Y pobre de la maestra que se atreva a disciplinar a su pequeña fierita! Como se puede ver, a lo largo de toda la infancia, fomenta una continua relación de dependencia extrema con su hijo, al mismo tiempo que mantiene sobre sus propios hombros todas las responsabilidades.

¿Puede el pequeño prosperar en semejante ambiente? Claro que no. La madre se entrega por completo a su hijo, y eso parece un acto de amor verdadero. Sin embargo, este tipo de niño sobreprotegido se retrasa en su preparación para convertirse en un adulto independiente. Al llegar a los diez años, no quiere hacer nada que sea desagradable, puesto que nunca tuvo que enfrentarse con dificultades. No sabe cómo "dar" a los demás, porque sólo ha pensado en sí mismo. Le resulta difícil tomar decisiones o mostrar autodisciplina. Poco tiempo después, llegará a la adolescencia sin estar preparado para la libertad y las responsabilidades de esta etapa de la vida. Finalmente, su futura esposa se encontrará con grandes sorpresas, en las que no quiero ni pensar.

Ayude a su hijo a ser independiente

En su excelente libro dedicado a los padres,* Marguerite y Willard Beecher describieron por primera vez el concepto que acabo de presentar. Ellos declaran (y yo estoy totalmente de acuerdo) que *los padres deben independizarse de su hijo, para que éste pueda independizarse de ellos.* Piense en esto por un

Parents on the Run [Padres apresurados]

momento. Si usted nunca se libera de su hijo, transfiriéndole responsabilidades, entonces él también permanecerá inevitablemente atado a usted. Se habrán amarrado en una interdependencia paralizadora que impedirá el crecimiento y el desarrollo.

En cierta ocasión, aconsejé a una madre que había perdido a su esposo cuando su único hijo, David, era un bebé. Había quedado con la terrible tarea de criar sola a su hijito, la única persona en el mundo a quien amaba de verdad. Su reacción fue mimarlo y protegerlo excesivamente. Cuando ella vino a verme, el niño acababa de cumplir siete años. Le daba miedo dormir solo en su habitación, se negaba a quedarse con una niñera que lo cuidara, y hasta se resistía a ir a la escuela. Además era incapaz de vestirse solo, y su comportamiento era infantil al máximo. Es así que en lugar de quedarse en la sala de espera mientras yo hablaba con su madre, encontró mi despacho y durante una hora permaneció agarrado al picaporte de la puerta, lloriqueando y suplicando que lo dejáramos entrar.

Según la madre, esa situación era evidencia del temor que sentía su niño, al pensar que ella podía morir, tal como le había sucedido a su papá. La mujer entonces lo mantuvo más atado a ella, sacrificando así sus propios deseos y necesidades. No podía salir con ningún amigo, ni llevarlo a su casa. No podía intervenir en actividades ni participar en experiencia alguna, sin que su hijo se pegara a ella. Eso era resultado de que ella nunca se había independizado de David, quien por su parte tampoco se había independizado en lo más mínimo de su amantísima madre.

¿Ha permitido usted que de una manera apropiada para la edad de él, su hijo disfrute de libertad y tenga ciertas responsabilidades? ¿Acaso lo mantiene atado a sí por temor a conflictos emocionales y físicos que pudieran dañarlo? ¿Teme hacerlo trabajar porque se queja demasiado? He llegado a la conclusión de que este proceso de dependencia no siempre está motivado por el admirable deseo de proteger al hijo. Muy a menudo la madre fomenta una relación de dependencia porque ella tiene sus propias necesidades emocionales. Tal vez se haya esfumado el romanticismo de su matrimonio, y el niño sea su única fuente de amor. Quizás le haya costado hacer amistades duraderas. Sea cual fuere la razón, lo cierto es que desea ser lo más importante en la vida de su hijo. (Estoy seguro de que esto era lo que ocurría con la madre de David.) La madre, por lo tanto, lo atiende a cuerpo de rey y rehusa independizarse de él, para que él tampoco se independice de ella.

Asimismo, conozco el caso de una madre y su hija que mantuvieron ese tipo de dependencia hasta que la madre falleció a los noventa y cuatro años. La hija, que entonces tenía setenta y dos, de repente se encontró soltera, sola y teniendo que vivir su propia vida por primera vez. Es espantoso experimentar en la vejez lo que los demás experimentan durante la adolescencia.

Como ya he indicado, esta vital tarea de ir dando libertad al niño no está restringida sólo a los primeros años de vida. Es igualmente importante a lo largo de todo el camino que lo conduce a la madurez. Cada año que pasa, debería ir tomando más decisiones, que en los doce meses anteriores. Debiera ir haciéndose cargo de tareas de rutina, a medida que va siendo capaz de realizarlas. Por ejemplo, a un niño de siete años, se le puede encomendar la tarea de escoger la ropa que se va a poner ese día. Además debería mantener su habitación en orden y tender la cama todas las mañanas. Un niño de nueve o diez años puede tener más responsabilidades en el hogar.

Al mismo tiempo, será preciso darle cada vez mayor libertad, como por ejemplo elegir los programas de televisión que desea ver (dentro de lo razonable). No estoy sugiriendo que los padres renunciemos por completo a nuestro liderazgo; más bien, creo que debemos pensar en la transferencia sensata y metódica de la *libertad* y la *responsabilidad*. De este modo, cada año nuestro hijo estará mejor preparando para el momento de independencia total, que inevitablemente habrá de llegar. En el diagrama en la siguiente página está representado el proceso de "ir soltando las

13

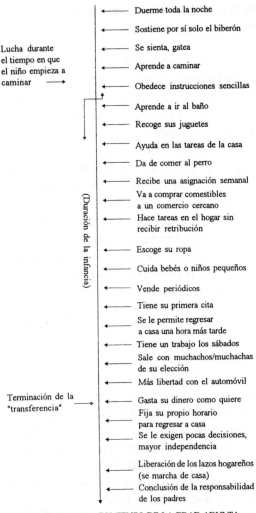

NACIMIENTO
(ninguna responsabilidad)

- ← Duerme toda la noche
- ← Sostiene por sí solo el biberón
- ← Se sienta, gatea

Lucha durante el tiempo en que el niño empieza a caminar →

- ← Aprende a caminar
- ← Obedece instrucciones sencillas
- ← Aprende a ir al baño
- ← Recoge sus juguetes
- ← Ayuda en las tareas de la casa
- ← Da de comer al perro
- ← Recibe una asignación semanal
- ← Va a comprar comestibles a un comercio cercano
- ← Hace tareas en el hogar sin recibir retribución
- ← Escoge su ropa
- ← Cuida bebés o niños pequeños
- ← Vende periódicos
- ← Tiene su primera cita
- ← Se le permite regresar a casa una hora más tarde
- ← Tiene un trabajo los sábados
- ← Sale con muchachos/muchachas de su elección
- ← Más libertad con el automóvil

Terminación de la "transferencia" →

- ← Gasta su dinero como quiere
- ← Fija su propio horario para regresar a casa
- ← Se le exigen pocas decisiones, mayor independencia
- ← Liberación de los lazos hogareños (se marcha de casa)
- ← Conclusión de la responsabilidad de los padres

(Duración de la infancia)

COMIENZO DE LA EDAD ADULTA
(plena responsabilidad)

14

riendas" al hijo, proceso que dura veinte años. Hay ejemplos de la independencia que deberá darse al niño a medida que crece.

Dar libertad: más difícil aun para padres cristianos

Al llegar a este punto quisiera transmitir un mensaje muy importante, que concierne especialmente a los padres cristianos. Todos, por supuesto, pueden seguir leyendo, aunque tal vez no todos lleguen a comprender su profundo significado. He observado que el proceso de "ir soltando" a los hijos en la etapa final de la adolescencia, resulta más difícil para los padres con profundas convicciones religiosas que para aquellos que no las tienen. Es más fácil que los padres cristianos sean más conscientes y estén más preocupados por los peligros espirituales que sus hijos enfrentarán a medida que tengan más libertad. Esos padres tienen más razones para temer las consecuencias de las relaciones sexuales prematrimoniales, el casamiento con alguien que no sea cristiano, el rechazo de la ética cristiana, y el que los hijos se vayan desviando de la fe que les fue impartida. Todo lo que los padres enseñaron durante los primeros dieciocho años, será incorporado a los valores del nuevo adulto, o será rechazado por completo y arrojado por la borda.

Por lo tanto, la importancia de esta decisión hace que muchos padres celosos se aferren con todas sus fuerzas al hijo que está madurando. Insisten en que debe hacer lo correcto y ser obediente y leal. Además, le permiten tomar muy pocas decisiones importantes y tratan de inculcarle a la fuerza ciertas actitudes. Pero llega el momento en que esa clase de control ya no tiene cabida. A menudo, el resultado es un gran resentimiento por parte del adolescente, que lo lleva a enfrentarse a sus padres de manera desafiante, aunque sólo sea para demostrar su independencia.

Una madre terriblemente aferrada a su hijo Pablo, de veinte años, vino a consultarme sobre él. Me dijo que no la obedecía como ella pensaba que debía hacerlo, y el conflicto literalmente la estaba enfermando. En contra de la voluntad materna, Pablo alquiló un apartamento que compartía con un compañero que a su madre no le caía bien; y además algunas personas lo habían visto con muchachas de dudosa reputación. También, la amenazó con cambiarse de la universidad cristiana donde estudiaba a una universidad secular, y podríamos decir que Pablo hasta había renunciado a su fe.

"¿Qué puedo hacer? ¿Qué puedo hacer para que mi hijo se enderece?", me preguntó ella.

Le dije que el comportamiento de Pablo ya no era su responsabilidad, puesto que había concluido su labor como madre y que debía darle libertad de acción. Le expliqué que sus regaños y sus ruegos probablemente acentuaban la actitud desafiante de su hijo, ya que estaba desempeñando un papel de "madre protectora" que ya no le correspondía y él resentía. Le sugerí que escribiera una carta cariñosa a su hijo, dejando bien en claro que, como madre, lo dejaba en libertad.

Pocos días después, me trajo un borrador de lo que le había escrito. Quería mi aprobación. Sin embargo, no era exactamente lo que yo tenía en mente cuando le hice la sugerencia. La carta era una clara acusación donde le advertía a su hijo de las consecuencias que podrían surgir, y animaba al joven descarriado a recuperar el buen juicio. Como resultaba imposible corregir lo que ella había escrito, decidí escribir la carta por ella, quien la firmó y se la envió a su hijo. Con la debida autorización de esa madre, sigue la transcripción de la carta:

Querido Pablo:

Esta es la carta más importante que te he escrito en mi vida, y espero que la tomes con la seriedad que se merece. He meditado y orado mucho por lo que quiero decirte, y creo que lo que he decidido hacer es lo correcto.

Durante los últimos años, tú y yo hemos vivido en una lucha permanente y dolorosa. Tú has tratado de liberarte de mis valores y mis deseos para tu vida. Por mi parte, he tratado de forzarte a hacer lo que ambos sabemos es lo correcto. Incluso a riesgo de parecer una regañona, no he cesado de decirte que asistas a la iglesia, que escojas bien a tus amistades, que saques buenas notas en la escuela, que vivas como un buen cristiano, que te prepares con sabiduría para el futuro, etcétera. Estoy segura de que mis consejos y mis advertencias te cansaron, pero yo sólo quise lo mejor para ti. Esa era la única forma que conocía para evitar que cometieras algunos de los errores que tantos otros han cometido.

Sin embargo, durante estas últimas semanas, he pensado mucho y creo que mi tarea como madre ha llegado a su fin. Desde el día en que naciste, todo mi afán fue hacer lo que era mejor para ti. No siempre tuve éxito; cometí errores y fracasé en muchos aspectos. Algún día sabrás lo difícil que es ser buenos padres, y tal vez entonces me entiendas mejor que ahora. Pero hay algo de lo que no tengo la menor duda: te amé y te amo con toda mi alma. Me es imposible expresar la profundidad de mi amor durante todos estos años, un amor que no ha cambiado y seguirá igual en el futuro, aunque nuestra relación de ahora en adelante será distinta. ¡Desde este momento eres libre! Puedes rechazar a Dios o aceptarlo. Después de todo, serás tú quien tendrá que rendirle cuentas. Puedes casarte con quien quieras, y no oirás ni una queja de mi parte. Puedes ir a la universidad que prefieras. Puedes fracasar o tener éxito en cada aspecto de tu vida, ya que a partir de este instante se ha cortado el cordón umbilical.

No te digo estas cosas con amargura o con enojo. Sigue importándome lo que te ocurra, y sigo deseando tu bienestar. Oraré por ti todos los días, y si me pides algún consejo te daré mi opinión, pero la responsabilidad ya no está sobre mis hombros sino sobre los tuyos. Ya eres un hombre y tienes derecho a tomar tus propias decisiones, sean cuales fueren los resultados.

A lo largo de toda tu vida, traté de inculcarte un sistema de valores que te preparara para este momento de madurez e independencia. Ese momento ha llegado, y en cuanto a lo que he hecho tengo la conciencia tranquila.

Confío en ti, hijo mío. Tienes mucho talento y has recibido bendiciones en muchos sentidos. Estoy convencida de que Dios guiará tus pasos, y tengo fe en el futuro. Sea cual fuere el resultado, siempre guardaré en mi corazón un amor muy especial por ti, hijo querido.

Con todo cariño,
Tu madre.

Cuando llegue el momento apropiado debemos transmitir este mensaje a nuestros hijos, ya sea en forma verbal o por escrito. Contamos con dieciocho o veinte años para inculcarles los mejores valores y actitudes.

Luego es preciso que nos apartemos y confiemos el resultado final a la dirección divina. Y lo más sorprendente es que hay más probabilidades de que un adulto tome buenas decisiones cuando no tiene que luchar para que se respete su independencia y su madurez.

El libro de Lucas nos da un ejemplo

El relato bíblico del hijo pródigo, en el Evangelio de Lucas, nos da un ejemplo excelente. El padre sabía que su hijo malgastaría el dinero y viviría con prostitutas. Sabía que cometería muchísimos errores y que posiblemente terminaría destruido. ¡Sin embargo, permitió que el joven se fuera de la casa! No lo amarró a un árbol, y ni siquiera lo condenó verbalmente. Tampoco fue su fiador cuando tuvo problemas en tierras lejanas. El amor con que el padre despidió a su hijo, hizo posible que éste volviera después de haber arruinado su vida. Haríamos bien en seguir el ejemplo de este padre lleno de amor.

En resumen, nuestra tarea final para lograr que nuestros hijos tengan una buena autoestima, es transferirles responsabilidad. Esto se inicia con las sencillas tareas de la infancia y termina con su emancipación alrededor de los veinte años de edad. "Soltar las riendas" no es fácil, pero debemos hacerlo si deseamos ser buenos padres.

CONSEJOS PARA EL PADRE O LA MADRE QUE NO ESTA CASADO
Virginia Watts Smith

Ya sea que se trate de una persona divorciada o viuda, o de un padre o madre soltero, el adulto que tiene que criar a sus hijos solo se enfrenta a un reto espantoso, especialmente cuando por primera vez toma tal responsabilidad.

La autora de este librito, una viuda que educó sola a sus cuatro hijos, comparte cómo el padre o la madre que no está casado puede ajustarse satisfactoriamente a una situación que no es la ideal. Ella ofrece consejos específicos para cada categoría de adultos que no están casados, y luego sugiere cómo deberían reaccionar a las preguntas de sus hijos o hijas en cuanto al padre de familia ausente.

PRODUCTO 497410

LLEGANDO AL HOGAR—UNA INVITACION PARA UNIRSE A LA FAMILIA DE DIOS
Condensado

Salir de carrera al trabajo...llegar a casa agotado...pagar las cuentas...criar a los hijos. Suele parecer un círculo sin fin. Pero en los momentos de quietud, ¿se atreve usted a ser honesto consigo mismo? Se ha preguntado alguna vez: "¿Será esto lo único que hay en la vida? ¿Es solamente un ciclo de setenta años de comer y dormir, de recibir y gastar, y de envejecer más y más?"

Si su corazón anhela algo o a alguien que le dé sentido a su existencia, este librito puede ayudarle. Sus páginas presentan un panorama realista de las cosas que valoramos en este mundo, y demuestran que efectivamente hay mucho más.

PRODUCTO 497411

DISCIPLINA DE CUATRO A DOCE AÑOS DE EDAD
Dr. James C. Dobson

¿Cómo podemos modelar las actitudes de nuestros hijos? Según el doctor James Dobson, el método de crianza, de "no mover un dedo", que es tan popular hoy en día, sólo hará que las madres y los padres que están decididos a enseñarles a sus hijos preadolescentes principios como la responsabilidad y el respeto, se sientan frustrados.

En este librito el doctor Dobson discute los problemas de disciplina que son característicos de las edades entre cuatro y doce años, y nos da un bosquejo de principios concretos que pueden ayudar a los padres a guiar a sus hijos a través de esta etapa tan importante de la vida. En conclusión, él contesta seis preguntas comunes sobre la disciplina de los niños preadolescentes.

PRODUCTO 497412

AYUDA PARA EL ALCOHOLICO Y SU FAMILIA
Sharon Wegscheider

Los efectos destructivos del alcoholismo en el hogar dejan a los miembros de la familia golpeados emocional y/o físicamente. Esta enfermedad afecta las relaciones dentro del trabajo y además la ejecución del mismo. Pero no importa cuan grave sea el daño producido por el abuso del alcohol, hay remidios prácticos para tratar esta condición.

En estas páginas, Sharon Wegscheider, especialista en alcoholismo, relata la vida de un alcohólico típico desde su primera copa social hasta la adicción y finalmente a la recuperación. También anima a individuos y a la iglesia a ofrecer esperanza a las víctimas de la dependencia química.

PRODUCTO 497413

HAY ESPERANZA PARA LOS PADRES QUE SUFREN
Margie M. Lewis

La crisis llega; una hija se va de la casa; un hijo anuncia que es homosexual; hay un adicto a las drogas, un alcohólico o un criminal en la familia.

Este puede ser un tiempo de profunda tristeza y sentido de impotencia para los padres que han pasado años criando a sus hijos de acuerdo con la fe y los valores que ellos han mantenido tan fielmente.

Sin embargo, a pesar del sufrimiento, hay esperanza segura. En este librito, la autora, Margie Lewis, describe la diferencia que la oración y la confianza en Dios pueden significar para los padres cuyos hijos se han descarriado.

Ella también considera el poder del perdón, la aceptación y el amor en el proceso de restaurar las relaciones quebrantadas.

PRODUCTO 497414

COMO PRESERVAR SU MATRIMONIO
Dr. James C. Dobson

Aunque muchas personas hoy en día imitan al hombre que tiene una dedicación agobiadora a su trabajo, así como a la mujer que vive una vida apresurada, el doctor James C. Dobson afirma que esa ética equivocada es responsable de una epidemia de matrimonios desdichados.

De acuerdo con su manera de ver, como psicólogo familiar, el doctor Dobson muestra que "la vida ocupada" es una de las cosas más destructivas para el hogar. En este librito él nos relata un conflicto que ocurrió en su propio hogar y que le llevó a evaluar de nuevo sus propias prioridades.

Por medio de esta experiencia él aprendió tres valiosas lecciones, las cuales son útiles como principios para la preservación de matrimonios en una sociedad caracterizada por sus hogares destruidos.

PRODUCTO 497415

LA VIDA RECTA
Dr. James C. Dobson

Ir al trabajo...regresar a casa... evitar que los hijos peleen... cortar el césped... limpiar la casa... arreglar el auto... limpiar el garaje. Todo esto es parte de "la vida recta". Todas las palabras como: aburrida, rutinaria y cotidiana, se han usado para describirla.

¿Qué pueden hacer los cristianos cuando la vida recta llega a ser agobiante? ¿Qué podemos hacer para aminorar la carga? En este librito, el doctor Dobson les habla a los esposos y esposas en cuanto a este problema y sugiere maneras de traer variedad a sus vidas.

PRODUCTO 497417

EL ADOLESCENTE DE VOLUNTAD FIRME
Dr. James C. Dobson

La adolescencia es una de las etapas más importantes, aunque turbulenta, del desarrollo del ser humano. Muchas veces la transición de la infancia a la edad adulta, se distingue por sentimientos de inferioridad, que son alimentados por una presión que ejercen los compañeros, y que continuamente va en aumento. Al mismo tiempo, los adolescentes quieren mayores libertades, las cuales tratan de obtener frecuentemente por medio de su desafío a los padres y a los maestros.

Según el doctor James C. Dobson señala en estas páginas, los padres pueden inculcar el buen concepto de sí mismos en sus hijos al tratarles con respeto. También, el doctor Dobson explica cómo hablar de los conflictos con los adolescentes de una manera razonable, y cómo los padres pueden establecer un control firme sobre ellos.

PRODUCTO 497418

COMPRENDIENDO LA PERSONALIDAD DE SU HIJO
Dr. James C. Dobson

En este librito, el doctor Dobson expone las seis maneras más comunes de los niños y adultos de hacer frente a su desconfianza en sí mismos y sus insuficiencias personales. Algunos se refugian en una coraza de silencio y soledad, mientras que otros se convierten en peleones, payasos o conformistas. Afirma el doctor Dobson que la mejor manera en que la gente puede ocuparse de su falta de seguridad es compensarla de algún modo. El autor también ofrece consejos para que los padres puedan ayudar a sus hijos a buscar compensación.

PRODUCTO 497419

Enfoque a la Familia es un programa de radio que actualmente se escucha en los Estados Unidos y a través del mundo de, habla hispana, en dos clases de formatos: de cinco y de quince minutos. Sintonice *Enfoque a la Familia*, y escuche la respuesta a preguntas como éstas:

"¿Cuál es el error más común cometido por los padres de familia cuando disciplinan a los niños?"

"Estoy segura de que estoy perdiendo a mi marido. ¿Cómo puedo salvar mi matrimonio?"

"¿Puede darme una definición simple de la menopausia?"

Si le interesan las respuestas a estas preguntas, ¡sintonice nuestro programa de radio! Por favor, escríbanos una carta, o complete el cupón junto a esta página y envíelo a nuestra oficina para recibir un horario con información acerca de dónde puede escuchar *Enfoque a la Familia*. Nuestra dirección es:

Enfoque a la Familia
Colorado Springs, CO 80995
Estados Unidos

Controle las Rabietas
de su Hijo
James Dobson

Se encuentra en la línea para pagar en el supermercado, cuando su hijita arma un berrinche. ¿Qué debe usted hacer? He aquí ayudas prácticas para todos los padres preocupados de cómo controlar a sus pequeño hijos. El Dr. James Dobson, fundaron y presidente de "Focus on the Family" (Enfoque a la familia, una famosa serie en la radio) ofrece las claves de cómo controlar firmemente, pero con amor la disciplina en su hogar. Dé a su hijo la seguridad de una dirección estable. Ellos se lo agradecerán.

(Educación de los hijos)

Educando a los
Adolescentes
James Dobson

Al doctor James Dobson se le
reconoce como una autoridad prominente
en el cuidado de los hijos. En este libro le
orienta con claridad en cuanto a los
sentimientos y conducta de su adolescente.
Hallará en esta breve obra un formato útil
de preguntas y respuestas que abarca: la
mejor educación sexual; la influencia de
los otros chicos y cómo tratar con ella; la
depresión y sus causas; la ira del
adolescente; el uso y abuso de las drogas;
cuando las creencias no se arraigan; cuando
llegan a la edad en que hay que soltarlos,
y mucho más.
(Educación de los hijos)

Notas

Notas

Notas _____

Notas _____

Notas _____

Notas

Por favor, envíenme un horario con información acerca de dónde puedo escuchar *Enfoque a la Familia*.

Sr. ___ Sra. ___ Srta. ___ Rvdo. ___ Otro: _____

Nombre: _____

Dirección: _____

Ciudad: _____ Estado o provincia: _____

Código postal: _____ País: _____

Teléfono: ( ) _____ Hablo:___ inglés ___ español ___ ambos

Enfoque a la Familia, Colorado Springs, CO 80995 Estados Unidos